31 Días

CULTIVANDO TU CORAZÓN HACIA EL EVANGELISMO

Un devocional diario que te ayuda a llevar a más personas a Cristo

Título del original: 31 Days With The Master Fisherman,
© 1997 por R. Larry Moyer y publicado por EvanTell Inc.,
Dallas Texas 75370.

Primera edición en castellano: 31 días Cultivando tu
Corazón hacia el Evangelismo, © 2021 por R. Larry Moyer
y publicado por por EvanTell, Inc. Dallas, Texas 75370.

Todos los derechos reservados. Por ninguna circunstancia
ninguna parte de este libro puede reproducirse, almacenarse
en un sistema de recuperación, ni ser transmitido de
ninguna forma ni por ningún medio (electrónico,
mecánico, fotocopia, grabación u otro) sin el permiso por
escrito del editor, excepto por citas breves en comentarios
evaluativos impresos.

Todas las citas son tomadas de la versión NVI. Copyright ©
1979, 1980, 1982, Thomas Nelson, Inc., Publishers.

Traducción Por: Emery y Carmen Bastidas

Fotografía de la portada: Tiffany Hopwood

Diseño de la portada: Holly Morrison

Revisión del libro: D'Jery Flores

ISBN 978-1-7330505-4-8

Impreso en los Estados Unidos de América
4 5 6 7 8 / 09 08 07 06 05

Para mis hermanos en Cristo alrededor del mundo, quienes constantemente me han animado a escribir en las páginas de un libro lo que Dios ya ha escrito en las páginas de mi corazón. Estoy en deuda eterna con ustedes por la inspiración que han sido para mí. Que este libro sea un pequeño depósito a cuenta con la tremenda deuda que tengo con ustedes.

CONTENIDO

Introducción. / 4

1. Privilegios especiales. / 6
2. Por favor, manténgalo sencillo. / 10
3. Peligro: Una lengua viva. / 13
4. "No va a hacer nada bueno". / 17
5. Buscando familiares. / 20
6. Cada minuto cuenta. / 24
7. Una puerta de oportunidad. / 28
8. ¡Prepárese! ¡Alístese! / 32
9. ¡Es simplemente miedo! / 36
10. ¿A quién está tratando de impresionar? / 40
11. Señor, aumenta la tribu. / 43

12. Cuando todo lo demás falle, solo siga. / 47

13. Muérase luego, ¡pero decida ahora! / 50

14. No me agradan los no cristianos. / 53

15. El temor apropiado en el evangelismo. / 56

16. ¿Amable con quién? ¡Debes estar bromeando! / 59

17. ¿Es su vida una ilustración? / 63

18. Trabajo en equipo. / 67

19. ¿Le cuesta trabajo tener paciencia? / 71

20. Demasiado bueno para guardarlo para nosotros. / 75

21. El tipo correcto de preocupación. / 79

22. ¡Atrévase a ser diferente! / 83

23. El ABC del ministerio. / 87

24. Adiós viaje de culpa. / 91

25. ¿Vivir la vida al revés? / 94

26. Más allá de su más grande imaginación. / 98

27. ¡Espere a que oiga esto! / 102

28. Hágalo salir. / 106

29. ¡Nada más! ¡Punto! / 110

30. ¿Le ha dado apetito a alguien últimamente? / 114

31. Ningún "puede ser" acerca de esto. / 117

INTRODUCCIÓN.

Poco después de comenzar el evangelismo a tiempo completo, me pidieron que hablara en un campamento juvenil. Queriendo ayudar a los jóvenes en áreas donde todos luchamos, preparé una charla sobre la mente. Indagué en las Escrituras con la pregunta: "¿Qué dice la Biblia acerca de la mente?".

Ese estudio tuvo un impacto duradero en mi vida. Llegué a la conclusión de que lo que la Biblia dice acerca de nuestras mentes podría resumirse en una oración: lo que piensas en tu mente, lo produces con tu vida. Repentinamente entendí, como nunca, por qué Dios nos dice que meditemos en las Escrituras. En el Salmo 1, Dios describe a un hombre dichoso diciendo: "en la ley del Señor se deleita, y día y noche medita en ella" (v.2). Lo que pienso en mi mente, lo produzco con mi vida. El salmista continúa: "Es como el árbol plantado a la orilla de un río que, cuando llega su tiempo, da fruto (v. 3)".

Ocurre lo mismo con la evangelización. Si usted medita en ella, usted logrará evangelizar. He escrito este devocionario para mis hermanos en Cristo que están diciendo: "Quiero que el Señor use mi vida para poblar el cielo". Comparto numerosas Escrituras y pensamientos que Dios ha usado para animarme a dejar que mi vida sea un medio de alcance para los perdidos. Soy un evangelista, pero tengo las mismas dificultades con la evangelización que todos los demás. Estos versículos, pensamientos e ideas me han ayudado a superar mi miedo a evangelizar en lugar de permitir que ese miedo me supere.

Mientras usted medita en estos devocionales sobre Jesús, "El Maestro Pescador", mi oración es que su vida esté marcada por la consistencia en la evangelización. Después de todo, lo que usted piensa en su mente, lo producirá en su vida. ¡Disfrute meditando! ¡Disfrute evangelizando!

R. LARRY MOYER

1

PRIVILEGIOS ESPECIALES.

Lectura bíblica:
Al contrario, hablamos como hombres a quienes Dios aprobó y les confió el evangelio: no tratamos de agradar a la gente, sino a Dios, que examina nuestro corazón (1 Tesalonicenses 2:4).

Reflexión

Parece que el apóstol Pablo nunca entendió el mensaje de que la evangelización se supone que es un dolor y no un privilegio, ¿verdad? ¡No!

El significado detrás de las palabras de Pablo es que Dios examinó a Pablo antes de confiarle el evangelio, y todavía estaba examinándolo.

Con eso en mente, Pablo habla como alguien que tiene el mensaje correcto, a quien le ha sido encomendado que lo difunda y que quiere agradar a Dios. Lo que otros pensaran del mensaje de Pablo no importaba, todo lo que importaba era lo que Dios pensara.

Medite en las implicaciones de este conocimiento en nuestra práctica de evangelización personal. Si tenemos la confianza de que somos los mensajeros que Dios envió para difundir las Buenas Nuevas, este conocimiento afecta nuestra actitud. Estamos muy conscientes de que, si una persona sin Cristo no escucha el evangelio de nuestra boca, la siguiente persona que le hable podría ser alguien que esté difundiendo un mensaje erróneo. Si no lo oye de nosotros, ¡es posible que no escuche nada! Somos los individuos a quienes Dios les confió el mensaje. Que honor, llamado y cumplido que Dios nos haya permitido compartir su amor con los demás. Él pudo haber elegido alguna otra manera para divulgar su Palabra. En cambio, decidió confiárnosla.

Ilustración

Se cuenta la historia de un hombre que estaba esperando a su esposa en un centro comercial cuando se le acercó un individuo y comenzó una conversación. El extraño llevó la conversación hacia las cosas espirituales y le preguntó al hombre: "¿Usted sabe si irá al cielo?".

Cuando la esposa del hombre regresó, ambos caminaron hacia su carro y la mujer le preguntó:

—¿Qué quería ese hombre?

—Quería saber si yo sabía si iría al cielo.

La esposa le respondió:

—¡Eso no es de su incumbencia!

—Eso es lo interesante, —le respondió el esposo—. Si hubieras visto la expresión de su cara y hubieras escuchado la manera como lo preguntó, habrías pensado que sí lo era.

Meditación

Dios está trayendo a la gente perdida hacia Cristo. Solo quiere saber si a usted le gustaría participar en ello.

Oración

¿Ha dejado que actitudes negativas se cuelen en su vida al considerar la evangelización? Confiéselas a Dios, pida su perdón y comience hoy a ver la tarea de llevar a los no cristianos a Cristo como una bendición, no como una carga.

2

POR FAVOR, MANTÉNGALO SENCILLO.

Lectura bíblica:
Porque ante todo les transmití a ustedes lo que yo mismo recibí: que Cristo murió por nuestros pecados según las Escrituras, que fue sepultado, que resucitó al tercer día según las Escrituras, y que se apareció a Cefas, y luego a los doce (1 Corintios 15:3-5).

Reflexión

Vivimos en un mundo de mensajes conflictivos. Las revistas de salud nos advierten que necesitamos más ejercicio. Los estadios promocionan sus eventos diciendo: "Venga temprano y estacione cerca. Evite una larga caminata". Un anuncio médico advirtió sobre el peligro que se encuentra en la yema del huevo. Otro artículo publicado en una revista médica insiste en que la advertencia sobre la yema es simplemente una broma.

Cuando se trata del mensaje más importante, el evangelio, no debe haber confusión. Pablo dice: "Te entregué a ti… lo que también recibí". En Gálatas 1:12, Pablo explica que él no recibió el mensaje de ningún ser humano, sino de Dios. Ese mensaje gira en torno a cuatro cosas, todas relacionadas con Cristo. (1) Cristo murió por nuestros pecados, según las Escrituras. (2) Cristo fue sepultado. (3) Cristo resucitó al tercer día, según las Escrituras. (4) Cristo fue visto después de su resurrección.

Su entierro es prueba de que él murió. El hecho de haber sido visto es prueba de que resucitó. Eso es el Evangelio: Cristo murió por nuestros pecados y se levantó de entre los muertos.

¿Por qué a menudo hacemos el mensaje del evangelio más difícil? ¿Será que comenzamos a mostrar más acerca de la Biblia y menos acerca del Evangelio? Comenzamos a hablarle a la gente perdida acerca de cómo vivir la vida cristiana antes de explicarles como entrar en ella. ¿Será que a menudo olvidamos el verdadero mensaje? Una persona perdida en el pecado necesita escuchar las Buenas Nuevas de Cristo: Cristo murió por nuestros pecados y resucitó de entre los muertos.

Ilustración.

Durante las olimpíadas de 1960, el periódico Saturday Evening Post publicó una caricatura que representaba al ganador de un antiguo maratón. El mensajero de la victoria tropieza y cae postrado ante el rey en un palacio. De repente, una mirada desconcertada aparece en su rostro y dice: "He olvidado el mensaje".

Meditación.

La Biblia está formada por sesenta y seis libros, pero el Evangelio contiene solo once palabras: Cristo murió por nuestros pecados y se levantó de la muerte.

Oración.

A medida que tenga la oportunidad de presentar las Buenas Nuevas, pídale a Dios que lo ayude a presentarlo como lo hizo el apóstol Pablo, sencilla y claramente.

3

PELIGRO: UNA LENGUA VIVA.

Lectura bíblica:
Su garganta es un sepulcro abierto; con su lengua profieren engaños. ¡Veneno de víbora hay en sus labios! Llena está su boca de maldiciones y de amargura (Romanos 3:13-14).

Reflexión

Si alguna vez se ha preguntado si las personas son realmente depravadas, simplemente examine la Escritura anterior que explica la depravación humana reflejada en un lenguaje áspero.

Una "sepulcro abierto" se refiere a un cadáver que se coloca en una tumba sin un proceso de embalsamamiento. Si usted cavara en una tumba unos días después de que alguien fuera enterrado, el hedor le dejaría sin aliento. El veneno de aspis mencionado en esta Escritura se refiere a la serpiente cobra egipcia. La cobra es extremadamente venenosa porque hay un pequeño saco debajo de su lengua que contiene todo su veneno.

Hemos sido tan afectados por el pecado, que apartados de la gracia de Dios, todo lo que sale de nuestra boca es como el hedor de un sepulcro abierto; es como el veneno de una serpiente. Es por eso que es mucho más fácil señalar los malos rasgos de alguien, aunque solo se le conozca por corto tiempo. Nuestras bocas están tan llenas de maldición y amargura que las palabras soeces son el vocabulario predominante de algunas personas. Muchos no cristianos prefieren no digerir las Buenas Nuevas; ellos preferirían masticarnos por compartirlo.

¡Qué cambio después que venimos a Cristo! La misma lengua que era un instrumento del mal se convierte en un instrumento del bien. A través del ministerio del Espíritu Santo, la lengua que usualmente nos controlaba, ahora puede ser controlada por nosotros. ¿Qué mejor manera de usar la lengua que para transmitir el mensaje de la muerte y resurrección de Cristo?

Ilustración

Cierta vez un orador anciano estaba dando su mensaje y el ingeniero en la cabina de sonido se sintió frustrado por el tiempo que le tomaba al hombre llegar al punto de su mensaje. Entonces el ingeniero susurró para sus adentros: "Bueno, adelante, vieja cabra". No se dio cuenta de que su propio micrófono estaba encendido. Por lo tanto, sus palabras no eran solo para él, sino también para el orador y la audiencia de miles de personas. ¡Qué potencial tiene la lengua para dañar! Si tiene tanto potencial para herir y destruir, piense en el potencial que tiene para hacer el bien. Una persona llevada a Cristo puede llevar a otra al Señor debido al proceso que Dios comenzó con el uso de su lengua.

Meditación

Cada día usted toma la decisión de si su lengua será un arma de Satanás o un testigo del Salvador.

Oración

¿Alguna vez ha agradecido a Dios por

librarlo del destructivo poder de su lengua? ¿Le ha dado gracias a Él por la nueva manera en que ahora puede ser usada para producir frutos eternales? Pídale a Dios que use su lengua este mes para compartir al menos con una persona la gracia de Dios mostrada en su muerte y resurrección.

4

"NO VA A HACER NADA BUENO".

Lectura bíblica:

Cuando acabó de hablar, le dijo a Simón:
—Lleva la barca hacia aguas más profundas, y echen allí las redes para pescar.
—Maestro, hemos estado trabajando duro toda la noche y no hemos pescado nada —le contestó Simón—. Pero, como tú me lo mandas, echaré las redes.
Así lo hicieron, y recogieron una cantidad tan grande de peces que las redes se les rompían (Lucas 5:4-6).

Reflexión

Los que han pescado en el Mar de Galilea le dirán que los peces se acercan a la superficie en la noche, pero durante el día descienden a las aguas profundas. Por lo tanto, las instrucciones de Cristo de echar sus redes para pescar, cuando no pescaron durante la noche, debieron hacer que se preguntaran en qué estaba pensando Jesús.

A menudo me pregunto qué estarían pensando. "¿Has olvidado las reglas básicas de la pesca? ¿No entiendes que estamos cansados? "Seguramente te das cuenta de que no servirá de nada".

Pedro, muy probablemente el dueño de la embarcación y el líder de la empresa pesquera, entendió algo muy sencillo. Cuando Jesús habla, la primera regla es escuchar. Los versículos explican el resultado de escuchar el consejo de Jesús: recogieron tal cantidad de peces que las redes se rompían y el barco casi se hundía.

¿Y tú y yo? Cuando sentimos que Dios quiere que nosotros evangelicemos, ¿seguimos el ejemplo de Pedro de escuchar o dejamos que las excusas nos distraigan de la obediencia al mandato de Cristo?

Ilustración

Durante la Guerra Civil en los Estados Unidos, el general Lee le envió un mensaje a Stonewall Jackson, explicando que la próxima vez que cabalgara en dirección al cuartel general, le gustaría verlo para un asunto de poca importancia.

A la mañana siguiente, Jackson ensilló su caballo y contra un viento de tormenta y nieve, cabalgó ocho millas hasta el cuartel general del general Lee. El general Lee acababa de terminar su desayuno y expresó su sorpresa de que había llegado tan rápido a través de semejante tormenta. El general Jackson respondió: "Usted dijo que deseaba verme y el más mínimo deseo del general Lee es una orden suprema para mí".

Meditación

En el tema de hablarle a otros acerca de las Buenas Nuevas de Jesucristo, lo que Dios está esperando de usted es obediencia, no su opinión.

Oración

Pídale a Dios que le haga obediente al mandato de compartir el evangelio. Sea específico en cuanto a las excusas que usted a menudo presenta y pídale que le ayude para no dejar que esas excusas obstaculicen su obediencia.

5

BUSCANDO FAMILIARES.

Lectura bíblica:
No crean que he venido a traer paz a la tierra. No vine a traer paz, sino espada. Porque he venido a poner en conflicto al hombre contra su padre, a la hija contra su madre, a la nuera contra su suegra; los enemigos de cada cual serán los de su propia familia (Mateo 10:34-36).

Reflexión

Después que recibimos el regalo de Dios de la vida eterna, proporcionado gentilmente por la muerte de Cristo en la cruz, Dios nos mira a cada uno y nos dice: "¿Serás mi discípulo?" Él puede usarlo a usted como plomero o como predicador. Puede usarlo como secretario ejecutivo o como empleado de una tienda. No importa dónde se encuentre, Él quiere que le presente personas a Cristo. Y a medida que lo hace, sus mayores luchas serán a menudo con aquellos que viven con usted en la misma casa.

En Mateo 10:34-36, Jesús se refiere específicamente a la tensión que se desarrolla entre un hijo y su padre, una hija y su madre, y una nuera y su suegra. A esa lista se le pueden añadir muchos otros ejemplos. ¿Por qué será que parece que todo el mundo nos escucha excepto aquellos que son de nuestra propia familia?

Puedo pensar en dos razones. La primera es que ellos nos conocen muy bien. Se preguntan qué podríamos compartir con ellos después de los dolores de cabeza y angustia que les dimos antes de llegar a Cristo. Y la segunda es que independientemente de cuán amorosamente presentemos la salvación del Salvador, ellos perciben que estamos diciendo: "Lo arruinaste. En el área más importante de la vida, la espiritual, tú nunca me diste el mensaje que yo necesitaba escuchar tan desesperadamente". En lugar de agradecer al Señor por haber recibido el mensaje y querer compartirlo con ellos, se sienten intimidados.

Para esas personas, alguien fuera de la familia a menudo puede hacer más que alguien de dentro. El miembro de la familia que estamos tratando de alcanzar, a menudo escucha a alguien más que le presenta el mensaje, simplemente porque esa persona no es parte de la familia. Debemos hacer todo lo posible para tratar de llegar a los miembros de la familia, y hacer todo lo que podamos incluye orar para que Dios envíe a alguien además de nosotros para hablar con ellos.

Ilustración

Una persona judía que vino a Cristo compartió su nueva relación con sus padres. Poco después recibió la siguiente carta de parte de ellos objetando su nueva fe: "Nunca conocimos a tu esposa. Nunca conocimos a tus hijos. Nunca has hablado con nosotros. Nunca más nos verás, ni aquí ni en el cielo".

Supongamos que Dios trae a alguien más a la vida de esas personas para hablarles del Evangelio. No tendrían ninguna base sobre la cual expresar la misma resistencia que presentaron ante su hijo. Este simple hecho puede hacer que se queden callados y se dispongan a escuchar.

Meditación

Para alcanzar a sus familiares es posible que Dios quiera utilizarlo a usted para iniciar la conversación, y que alguien más la termine.

Oración

Piense en un pariente específico a quien usted quiere ver llegar a Cristo. Ahora, pídale a Dios que envíe a alguien además de usted (no en lugar de usted) para hablarle.

6

CADA MINUTO CUENTA.

Lectura bíblica:
Compórtense sabiamente con los que no creen en Cristo, aprovechando al máximo cada momento oportuno (Colosenses 4:5).

Reflexión

Nadie entiende mejor que un evangelista, que ha interactuado con muchos no cristianos, la necesidad de una conducta que respalde su discurso. Cuando los no cristianos ven una vida que refleja a Cristo detrás de los labios que lo presentan, el testimonio del Salvador se vuelve más poderoso y productivo.

Como escribió Pablo a los Colosenses, esa coherencia es, sin duda, una de las razones por las que los amonestó a "comportarse sabiamente". No se refería simplemente a cómo se comporta en la mañana, a la hora del desayuno, sino a su estilo de vida durante cada hora del día. "Aprovechando al máximo cada momento oportuno" es una afirmación contundente. Significa literalmente "comprar la oportunidad". Usted debe ver cada momento de su vida como una oportunidad para vivir de una manera que acerque a los demás a la cruz, no que los aleje de ella.

Nuestras acciones siempre deben respaldar lo que decimos y nunca restarle valor. Ya se trate de las buenas acciones que hacemos por un vecino, la bondad que le mostramos a un amigo, la forma en que devolvemos amor en lugar de ira, o nuestra capacidad de ser gentil cuando los demás son rudos, debemos vivir de tal manera que los demás tengan motivos para decir: "Si eso es cristianismo, yo lo quiero". Si vivimos de esta manera significativa, haremos que cada minuto cuente para la eternidad, para aquellos a quienes hablamos del Evangelio, así como para aquellos a quienes les mostramos la diferencia que Dios ha hecho en nuestras vidas.

Si quieren ver un buen ejemplo de un cristiano, no deberían tener que mirar más allá de nosotros. Nuestras vidas deberían hacer que los no cristianos quieran alinearse y no desconectarse.

Ilustración

Un hombre que había sido antagónico hacia Cristo durante años atribuía su conversión a un tímido vecino. Cuando el vecino se enteró del impacto que había tenido en la vida de ese hombre, se sorprendió. Él le dijo: —Nunca le hablé a usted acerca de Cristo de la forma como debía haberlo hecho.

El hombre le respondió: "No, no lo hiciste, pero tú manera de vivir me venció. Yo podría refutar los argumentos de los demás y trastornar su lógica, pero no podría refutar la forma en que vives".

Meditación

Dado que otros miran la manera como usted vive su vida, por el bien de Cristo debería mirar cómo lo hace.

Oración

¿Hay áreas de su vida que están obstaculizando su testimonio? Confiéselas a Dios como pecado y elimínelas de su vida.

Luego pídale a Dios que use su vida en el hogar, en el trabajo y en cada situación para hacer que Jesucristo sea atractivo para la gente.

7

UNA PUERTA DE OPORTUNIDAD.

Lectura bíblica:
... y, al mismo tiempo, intercedan por nosotros a fin de que Dios nos abra las puertas para proclamar la palabra, el misterio de Cristo por el cual estoy preso. Oren para que yo lo anuncie con claridad, como debo hacerlo (Colosenses 4:3-4).

Reflexión

"Es muy difícil mantenerlo a él en el ámbito de las cosas espirituales. Nunca se presenta la oportunidad". "Hablamos de cualquier cosa, pero nunca tenemos la oportunidad de hablar de cosas espirituales". "Si menciono el tema de cosas religiosas, ella cambia de tópico".

La manera de cambiar una

conversación hacia temas espirituales es más fácil de lo que creemos. Comienza con oración. El consejo del apóstol Pablo es: "Pídale a Dios que nos abra las puertas para proclamar la palabra". Como prisionero del imperio romano, muy probablemente esposado a un soldado romano las veinticuatro horas del día, Pablo tuvo la oportunidad de presentar a Cristo en la cárcel. ¡Si yo fuera un guardia romano no cristiano, lo último que desearía sería estar encadenado al apóstol Pablo las veinticuatro horas del día! Pablo no quería estar limitado por los muros de la prisión, así que hizo una simple petición para él y sus allegados: "que Dios nos abra las puertas para proclamar la palabra". Y añadió: "… para que yo lo anuncie con claridad". Pablo quería dejarles claro a todos que la muerte de Cristo en la cruz era la única base para una buena relación con Dios. Pero para hacer eso, necesitaba una oportunidad.

Así como Dios tiene que darle entendimiento del evangelio a los no creyentes, también debe darnos a nosotros la oportunidad de presentar ese evangelio. Dado que Él está más deseoso que nosotros de que los perdidos vengan a Cristo,

Podemos orar con confianza de que, al pedirlo, Él nos dará las oportunidades para compartir a Cristo con otros.

¡A veces esa oportunidad viene mucho antes de lo que pensamos!

Ilustración

Cuando nuestro hijo David era muy joven, comenzaba una conversación sobre Cristo con una simple pregunta: ¿De qué dependes para llegar al cielo? ¡Es increíble lo rápido que esa pregunta abría una discusión sobre cosas espirituales!

Mientras visitaba a una vecina, David le susurró a su mama: —¿Ella es cristiana? Tammy le respondió: —Tu papá y yo no sabemos. Hemos estado pidiéndole a Dios que nos dé la oportunidad de averiguarlo.

David decidió que ese era el día de la oportunidad, así que se acercó y le preguntó:

—¿De qué dependes para llegar al cielo?
—De Jesucristo, respondió ella.

Luego le preguntó: — ¿De Cristo más obras o solamente de Cristo? Al oír esto ella se volvió hacia Tammy y le preguntó:

— ¿Podrías explicarme qué significa nacer de nuevo? Así que Tammy la guió a

Cristo. Una oración por una oportunidad fue contestada.

Meditación

El Dios que trabaja de maneras asombrosas para llevar a los perdidos a Cristo, puede, a través de la oración, proporcionar la puerta abierta para llevar a Cristo a los perdidos.

Oración

Piense en tres personas a quienes a usted le gustaría ver venir a Cristo. Pídale a Dios que le dé la oportunidad de hablar con cada uno de ellos. Esté preparado para aprovechar las puertas que se abran.

8

¡PREPÁRESE! ¡ALÍSTESE!

Lectura bíblica:

En Iconio, Pablo y Bernabé entraron, como de costumbre, en la sinagoga judía y hablaron de tal manera que creyó una multitud de judíos y de griegos (Hechos 14:1).

Reflexión

Dios envía poderosos mensajes a través de su Palabra. A veces no tenemos que leer todo un capítulo o un párrafo para aprender algo de valioso o transformador. A menudo solo necesitamos leer un versículo.

Este es uno de esos versículos. Tiene algo muy importante que decir acerca del evangelismo que debería impactar nuestras vidas. Se dice que para evitar las críticas, no digas nada, no hagas nada y no seas nada. En Hechos 13, Pablo y Bernabé experimentaron la bendición y el conflicto en Antioquía como mensajeros del evangelio. Las multitudes estaban respondiendo a su mensaje, pero los líderes religiosos no estaban contentos. La agitación de los líderes y de la gente prominente de la ciudad resultó, no sólo en que les mostraran la salida, sino que les escoltaron fuera de la ciudad. Cuando Pablo y Bernabé se sacudieron el polvo de la ciudad fuera de los límites de ésta, se dirigieron a Iconio.

Cuando llegaron allí, ¿sabían lo que iban a decir y cómo lo iban a decir? ¡Definitivamente! El texto dice: "…hablaron de tal manera que creyó una multitud de judíos y de griegos". Eso significa que ellos presentaron el Evangelio de tal forma que quienes lo oyeron entendieron el mensaje y su propia necesidad y respondieron a la invitación de creer en Cristo. El punto, en pocas palabras, es que Pablo y Bernabé definitivamente sabían cómo presentar el Evangelio.

Aquellos que saben cómo presentar el Evangelio se caracterizan por la efectividad y la consistencia en la evangelización. De hecho, aquellos consistentes en presentar el Evangelio tienen y utilizan un método básico. Ellos saben cómo ir y hablar a la gente perdida. Si deseamos evangelizar, debemos aprender cómo hacerlo.

Ilustración

El periódico The Milwaukee Sentinel una vez contó la historia de un oficial de policía que decidió iniciarse en la cacería de venados. El problema era que él no sabía cómo cazarlos. Así que una mañana fue al medio del bosque y se ocultó detrás de un arbusto. Para su alegría, un venado cola blanca venía trotando hacia él. Cuando el venado se paró frente al arbusto, el hombre saltó de allí, lanzó un disparo de advertencia al aire, apunto con su arma al venado y gritó: — ¡Quieto! ¡Policía!

Si vamos a pescar a los perdidos necesitamos aprender cómo hacerlo.

Meditación

Si una persona tuviera solamente cinco minutos de vida y quisiera saber cómo ir al cielo, ¿qué le diría? ¿Podría usted explicarle de manera tan sencilla como para que un niño pueda entender?

Oración

Pídale a Dios que le ayude a aprender un método que le permita presentar el evangelio con claridad. Hable con los líderes de su iglesia acerca de las sugerencias que ellos tienen y prepárese para ver a Dios respondiendo sus oraciones.

9

¡ES SIMPLEMENTE MIEDO!

Lectura bíblica:
Es más, me presenté ante ustedes con tanta debilidad que temblaba de miedo (1 Corintios 2:3).

Reflexión

Nunca he conocido a nadie que no tenga temor de algo. Las encuestas revelan que dos de los miedos más comunes son el miedo a volar y el miedo a hablar en público.

Ese segundo temor de hablar en público nos ataca cuando se trata de hablar de Cristo, incluso si la audiencia no es más que una persona. Probablemente pensamos en Pablo como una persona que no tenía esa clase de miedo. Lo imaginamos como un toro en una tienda de porcelana cuando se trataba de dar su testimonio personal. La evidencia bíblica podría revelarnos lo contrario.

Vea los momentos en los que pidió oración por valor (Ef.6:19). Vea el texto de la lectura bíblica de hoy en 1ª Corintios. Debilidad, temblor y temor son tres palabras descriptivas que resumen el comportamiento de Pablo en la ciudad de Corinto. "Debilidad" probablemente se refiere a todo, desde el aguijón de su carne, cualquiera que haya sido, hasta su estatura física poco impresionante. El "miedo" quizás haya sido el resultado de la maldad de la ciudad o la hostilidad de los judíos que lo hizo impopular. "Temblor" pareciera recordar el estremecimiento de su cuerpo que reflejaba exteriormente su nerviosismo interior.

No era exactamente la apariencia de un "macho man", ¿cierto? Pero no pase por alto estas cuatro palabras: "me presenté ante ustedes". Para Pablo, el problema nunca fue que él tuviera miedo. Esa era una conclusión inevitable. El problema era si seguiría adelante a pesar de sus temores. Parecía estar muy consciente de que si luchaba con el asunto de su obediencia,

Dios se encargaría del asunto de su miedo dándole el valor necesario.

Ilustración

A un niño le fue dado representar un papel en una obra de Navidad. Todo lo que tenía que hacer era salir al escenario y decir: — Soy yo, no tengan miedo. Cuando llegó el momento de actuar, el niño caminó por el escenario y petrificado por el pánico dijo: — ¡Soy yo, y estoy asustado!

¡Qué buen ejemplo de lo que sentimos en el evangelismo! Sin embargo, el niño estaba allí. Incluso cuando estamos asustados, tenemos que seguir adelante y hablar a los demás de Cristo, admitiendo delante de Dios que tenemos miedo y pedirle que nos ayude a ser obedientes.

Meditación

Dios siempre manejará el asunto del miedo si usted simplemente maneja el asunto de la obediencia.

Oración

No le diga a Dios: "Ayúdame a no temer hablar de ti". Reconozca que el miedo es normal. Más bien ore así: "Ayúdame a seguir adelante a pesar de mis temores, como lo hizo Pablo". Luego, prepárese para la próxima oportunidad, cuando tenga miedo y Él pueda contestar esas oraciones y hacerlo un valiente.

10

¿A QUIÉN ESTÁ TRATANDO DE IMPRESIONAR?

Lectura bíblica:
> Yo mismo, hermanos, cuando fui a anunciarles el testimonio de Dios, no lo hice con gran elocuencia y sabiduría. Me propuse más bien, estando entre ustedes, no saber de cosa alguna, excepto de Jesucristo, y de este crucificado. (1 Corintios 2:1-2).

Reflexión

El orgullo y el deseo de impresionar a las personas pueden aparecer en cualquier cosa que hagamos, incluso en la evangelización. Si un no cristiano se torna argumentativo, podemos tratar de probar que nuestra mente es más rápida y nuestra lengua más incisiva. Generalmente, solo una persona gana esa discusión: Satanás.

Las palabras de Pablo son impactantes. Corinto estaba llena de intelectuales y filósofos, personas que amaban impresionar a otros con sus habilidades oratorias. Uno pensaría que Pablo habría tratado de burlarse de ellos. Con su conocimiento de la lengua griega y de las costumbres romanas, no hay duda de que podría haber ganado cualquier debate en el que se hubiera enfrascado. En lugar de eso, dejó claro que su mensaje no se caracterizaba por palabras extravagantes o por su profundidad filosófica. Pablo enfocó todo, su lucidez e intelecto, simplemente en presentar a la persona y la obra de Cristo en la cruz. Nunca sintió la necesidad de ser un filósofo o un apologeta. Él era un proclamador.

¡Qué pensamiento más liberador para la evangelización! Dios no está esperando que seamos capaces de refutar cada una de las objeciones que los no creyentes hacen o contestar cualquier pregunta que formulen. Simplemente debemos poner ante ellos a la persona y la obra de Cristo. Queremos impresionarlos con Él, no con nuestro propio intelecto o habilidades.

Ilustración

Dawson Trotman, fundador de la organización Los Navegantes, dijo una vez: "Los ganadores de almas no son ganadores de almas por lo que saben, sino por Aquel de quien saben y por lo mucho que quieren que otros lo conozcan a Él".

Meditación

Al escuchar a Pablo presentar su mensaje, un no creyente probablemente no habría dicho "¡Qué orador tan brillante!", sino más bien "!Qué hermoso Salvador!".

Oración

La evangelización solamente es efectiva cuando nos mantenemos nosotros mismos fuera de escena y hacemos del Salvador el centro de atención. ¿Alguna vez ha caído en la trampa de pensar que para alcanzar a los perdidos debe burlarse de ellos? Pídale a Dios que lo ayude a enfocarse en los perdidos. Pídale que lo ayude a ser, ante todo, un proclamador.

11

SEÑOR, AUMENTA LA TRIBU.

Lectura bíblica:
Después de esto, el Señor escogió a otros setenta y dos para enviarlos de dos en dos delante de él a todo pueblo y lugar adonde él pensaba ir. «Es abundante la cosecha —les dijo—, pero son pocos los obreros. Pídanle, por tanto, al Señor de la cosecha que mande obreros a su campo (Lucas 10:1-2).

Reflexión

¿Alguna vez ha pensado cuántas veces ha pronunciado las palabras "no hay suficiente"? Es posible que nos estemos refiriendo a la poca cantidad de hielo que hemos comprado para la comida campestre de la comunidad, o al número insuficiente de personas presentes para mover un piano a la siguiente habitación. Ya sea en casa o en el trabajo, en medio de nuestro negocio o en medio de alguna diversión, podemos tener razones para exclamar: "¡No hay suficiente!".

Nunca hay suficiente en la evangelización. Los creyentes no viven pensando en evangelizar, aunque deberían. Cualquier actividad en el calendario de la iglesia recibirá mayor respuesta que una petición para involucrarse en la evangelización. Siempre es posible que no haya suficientes voluntarios para formar un grupo que vaya a evangelizar, suficiente ayuda para patrocinar y promover una cena de amistad para no cristianos, o suficientes personas para ayudar con la escuela bíblica de vacaciones.

La oración no es una respuesta, es la respuesta. Dios tiene que levantar obreros. Cuando Cristo se preparó para enviar a los setenta y dos, de dos en dos, su preocupación era que hubiera mucho más que solo esos. Ante el enorme potencial de la cosecha, dijo: "Pidan por los obreros".

Todos nuestros ruegos y súplicas para que las personas se involucren en la evangelización tendrán poco efecto si no se sumergen en la oración. Cuando se hace una oración específica por los obreros, es muy común escuchar un testimonio muy simple: "Por alguna razón, Dios me ha encomendado involucrarme más en la evangelización".

Ilustración

Una vez le preguntaros a un jugador de fútbol profesional: —¿Cuál es la mayor contribución que el fútbol ha hecho a la condición física?

Él respondió: —Ninguna.

Sorprendidos, le preguntaron: —¿Ninguna?

Él respondió: —El fútbol es a menudo veintidós personas en el campo que necesitan desesperadamente descansar y cincuenta y dos mil en las gradas que necesitan desesperadamente hacer ejercicio.

Cuán a menudo esas estadísticas son reales en la evangelización. Debemos orar por más obreros.

Meditación

Los más experimentados en la evangelización han descubierto que a menudo hay más incrédulos dispuestos a escuchar que creyentes dispuestos a hablar.

Oración

¿Qué actividad evangelística está programando su iglesia? ¿Se ha ofrecido para ayudar? Cuando lo haga, pídale a Dios que inquiete a otras personas dentro de la iglesia que Él quiera que participen. Cuando vea que las personas responden, pídale a Dios que lo haga a usted un estímulo para ellos.

12

CUANDO TODO LO DEMÁS FALLE, SOLO SIGA.

Lectura bíblica:
Mientras caminaba junto al mar de Galilea, Jesús vio a dos hermanos: uno era Simón, llamado Pedro, y el otro Andrés. Estaban echando la red al lago, pues eran pescadores. «Vengan, síganme —les dijo Jesús—, y los haré pescadores de hombres». (Mateo 4:18-19).

Reflexión

¿Se ha dado cuenta de que un grupo de hombres sin esperanza (humanamente hablando) fue con los que Cristo comenzó a transformar al mundo? Ellos no tenían ni la menor idea acerca de la evangelización. Después de todo, traían el pan a la mesa con sus habilidades para pescar, no con su don de gente.

Además, mire algunas de esas personalidades. Tomemos a Pedro, por ejemplo. Por un lado, podría ser tan valiente que intentaría caminar sobre el agua. Pero, por otro lado, podría ser tan cobarde que negaría conocer a su Maestro. Se entregaba a sí mismo un día y al día siguiente se servía a sí mismo

Pedro no tenía educación formal, ni experiencia en el ministerio, y muchas fallas en el carácter. ¿Cómo podría usarlo Dios? Muy simple, Jesús no dijo: "Síganme porque son pescadores de hombres".

Más bien, sus palabras exactas fueron: "Síganme, y los haré pescadores de hombres". Los discípulos entendieron una cosa, todo lo que tenían que hacer era seguirlo y Él les enseñaría todo lo que necesitaban saber.

Eso es todo lo que Dios quiere que hagamos, simplemente seguirlo. Y al hacerlo, nos desarrollará y nos enseñará todo lo que necesitamos saber para evangelizar. Cuando todo lo demás falle, ¡solo sígalo!

Ilustración

Un abuelo solía dar largos paseos y conversar con su nieto. Un día, mientras se preparaba para salir, le preguntó a su nieto: —¿Quieres ir conmigo? El nieto preguntó: —¿A dónde vas? El abuelo se fue sin él. Cuando regresó, el nieto preguntó: —¿Por qué no me llevaste contigo? El abuelo explicó: —Porque me preguntaste a dónde iba. Si realmente quisieras ir conmigo, no habría importado a dónde iba.

Cuando se trata de la evangelización, solo sigue. Él hará el resto.

Meditación

Si quiere saber cómo hablarle a los no creyentes, solo camine con el Maestro Pescador. Él le mostrará.

Oración

¿Ha sentido a menudo que no sabe lo suficiente para ser bueno en el evangelismo? La evangelización es ante todo un asunto de discipulado. Pídale a Dios que le ayude a seguirlo a Él un día a la vez en cada área de su vida. Luego pídale que lo ayude a aprender lo que Él quiere enseñarle acerca de tocar a la gente para la eternidad.

13

MUÉRASE LUEGO, ¡PERO DECIDA AHORA!

Lectura bíblica:
Muchos recaudadores de impuestos y pecadores se acercaban a Jesús para oírlo, de modo que los fariseos y los maestros de la ley se pusieron a murmurar: «Este hombre recibe a los pecadores y come con ellos». (Lucas 15:1-2).

Reflexión

Hace años, mi buen amigo y mentor, el Dr. Haddon Robinson, hizo una reflexión desafiante. Él dijo: "Debes decidir ahora lo que quieres que la gente escriba en tu lápida. Luego, vive tu vida desde allí hacia atrás".

Ese pensamiento me golpeó como una

roca. Cada vez que lo pensaba, me decía a mí mismo: ¿Qué cosa más grande podría escribirse en la lápida de alguien que esa etiqueta atribuida a Cristo: "amigo de los pecadores"? Parece que Cristo siempre tuvo la reputación de estar con la gente equivocada en el momento equivocado en el lugar equivocado. Pero merecía esa reputación. ¡Después de todo, trabajó duro para ganársela!

Tan grande era su reputación en esa área que si Él caminara hoy por las calles, ¿sabe quiénes serían los que irían a saludarlo? No serían en su mayoría los de la alta sociedad; serían los menospreciados, las personas que lo necesitan y saben que lo necesitan.

¿Cuánto nos parecemos a Cristo? Las investigaciones muestran que dos años después de que una persona se convierte, han abandonado a la mayoría de sus amigos no cristianos. Por supuesto, la comunión con los cristianos es esencial. Pero también lo es el contacto con los perdidos. Un buen barómetro de su temperatura espiritual es la cantidad de buenas amistades que tiene con los no cristianos con la visión de llevarlos a Cristo.

Ilustración

Una vez un veterinario cristiano le describió su ocupación a un hermano. El le explicó: —Ejercer la veterinaria es lo que lleva la comida a mi casa, pero mi ocupación es presentarle a la gente a Cristo. La práctica de la veterinaria solo me da la oportunidad de conocerlos y pasar tiempo con ellos. Independientemente de nuestra profesión, ese debe ser nuestro testimonio.

Meditación

Si alguien escribiera una frase que resumiera su vida, ¿cuál sería?

Oración

Piense en algunos no cristianos que usted no conoce muy bien. Pídale a Dios que le ayude a desarrollar una relación con esas personas. Piense en algunas cosas que podría hacer con ellos y pídale a Dios sabiduría y dirección para ser un mejor amigo de esas personas. Construya una relación que pueda ser un puente hacia el evangelio.

14

NO ME AGRADAN LOS NO CRISTIANOS.

Lectura bíblica:
Al ver a las multitudes, tuvo compasión de ellas, porque estaban agobiadas y desamparadas, como ovejas sin pastor. (Mateo 9:36).

Reflexión

"No me gusta estar cerca de los no cristianos". He escuchado esa declaración al menos cincuenta veces. Siempre respondo: —¿Y a quién le gusta?". Ellos pueden ser egoístas, desconsiderados, groseros y desagradables. Y luego agrego: —¡Como algunos creyentes!

La Biblia nunca pregunta: "¿Disfrutas de los no cristianos?". En cambio, pregunta: "¿Te dan lástima?". Eso es lo que significa la palabra "compasión": estar lleno de lástima, de piedad. Ocho veces en el Nuevo Testamento dice que Cristo se llenó de compasión hacia los perdidos. El versículo anterior explica por qué: eran como ovejas que no tienen pastor. En otras palabras, Él miró más allá de la persona, al problema, más allá de la conducta, a la condición.

Los incrédulos actúan como lo hacen porque son las personas que son controlados por Satanás, muertos en sus delitos y pecados, sin el poder controlador del Espíritu Santo. No tienen más remedio que actuar, hablar y creer como Satanás los dirige.

Cuando contemplamos esa realidad, nuestros corazones se apiadan de los no cristianos. Ya no nos preocupamos por si nos gustan o no. El problema es si los sentimos o no. Eso en sí mismo mueve nuestros corazones en su dirección y nos hace llegar a ellos con el mensaje de la gracia salvadora de Cristo.

Ilustración

En la década de 1950, los cristianos se sorprendieron y se entristecieron al enterarse de las trágicas muertes de cinco jóvenes misioneros que fueron asesinados por los indios aucas de Ecuador. Habían creído que los indios eran amigables y habían aterrizado en un tramo de playa de arena con la esperanza de comenzar una comunicación amistosa con los nativos. Fue allí donde se encontraron con la muerte, mártires por la causa de Cristo. El padre de uno de los hombres martirizados hizo una declaración muy interesante cuando dijo: "Lo siento más por estos pobres indios que por mi propio hijo". La compasión hace la diferencia.

Meditación

Dios nunca pregunta: "¿Te agradan los no cristianos?" Él simplemente dice: "¿Tienes compasión de ellos?".

Oración

Tómese cinco minutos y considere cuáles eran las cosas más molestas de usted antes de venir a Cristo. Luego haga dos cosas: primero, alabe a Dios por el individuo o las personas que miraron más allá de esas faltas y lo llevaron al Salvador. Después, pídale a Dios que lo ayude a comenzar a ver a las personas perdidas de la manera en que Él las ve, como ovejas sin pastor.

15

EL TEMOR APROPIADO EN EL EVANGELISMO.

Lectura bíblica:

Lo que les digo en la oscuridad, díganlo ustedes a plena luz; lo que se les susurra al oído, proclámenlo desde las azoteas. No teman a los que matan el cuerpo, pero no pueden matar el alma. Teman más bien al que puede destruir alma y cuerpo en el infierno. (Mateo 10:27-28).

Reflexión

Se ha dicho que la cruz no fue el "Premio al Ciudadano Favorito" otorgado a Jesús por la "Cámara de Comercio de Jerusalén". Más bien, representó toda la hostilidad que recibió su mensaje y el hecho de que, en lo que concernía a los gobernantes, Él merecía la muerte de un criminal.

Jesucristo les dejó claro a sus discípulos que no ganarían concursos de popularidad. Sin embargo, Él los animó a ser audaces en la proclamación de su verdad. Lo que les dijo en privado, lo repetirían en público. Lo que les susurró a sus oídos, lo gritarían desde los techos de las casas.

¿Qué reacción esperaba Él de los discípulos? Temor. No el temor de los villanos peligrosos y las turbas enojadas, sino el temor de Dios que controla su destino eterno. Dios no quiso decir que deberíamos tenerle miedo. Más bien, el temor de Dios significa que lo reverenciamos y respetamos tanto, que el mero pensamiento de hacer lo contrario a lo que Él desea es algo que aborrecemos. Debemos seguir las instrucciones de Cristo. Decepcionar a la gente no significa nada, pero decepcionarlo a Él lo significa todo.

Cuando buscamos ser sus discípulos en el evangelismo, es el temor de Dios lo que debe controlarnos. Debemos reverenciarlo tanto por su grandeza que le sirvamos con una actitud que diga: nada más, nada menos. Al conocer su corazón por las personas perdidas, nos vemos obligados a alcanzar a las mismas personas a las que Él se dirigió.

Ilustración

En la lápida de un hombre que se destacaba por su celo evangelizador fueron talladas las sencillas palabras: "Temía tan poco a los hombres porque temía mucho a Dios".

Meditación

En la evangelización, el temor a Dios es el remedio más grande que existe contra el temor a las personas.

Oración

Piense en diez cosas que demuestran la grandeza de Dios, como la belleza del universo, el nacimiento de un niño y su propia salvación. Pídale a Dios que le brinde un gran sentido de quién es Él, cuando tenga la oportunidad de evangelizar. Un sentido que haga que las respuestas y reacciones de los demás sean menos intimidantes para usted.

16

¿AMABLE CON QUIÉN? ¡DEBES ESTAR BROMEANDO!

Lectura bíblica:

En otro tiempo también nosotros éramos necios y desobedientes. Estábamos descarriados y éramos esclavos de todo género de pasiones y placeres. Vivíamos en la malicia y en la envidia. Éramos detestables y nos odiábamos unos a otros. Pero, cuando se manifestaron la bondad y el amor de Dios nuestro Salvador, él nos salvó, no por nuestras propias obras de justicia, sino por su misericordia. Nos salvó mediante el lavamiento de la regeneración y de la renovación por el Espíritu Santo, (Tito 3:3-5).

Reflexión

Las Escrituras hablan de nuestra necesidad de ser amables con los demás. Dicho de otra manera, la palabra bondad significa tener un espíritu bueno, generoso y bondadoso. Todo en nosotros era desagradable para Dios. Pero Dios tenía un espíritu bueno, generoso y bondadoso. Él permitió que su Hijo muriera en una cruz en nuestro lugar y tomara el castigo que merecíamos para que a través de la confianza personal en Él pudiéramos recibir el regalo de la vida eterna.

Con eso en mente, deberíamos preguntarnos: "¿con quién soy amable?". Probablemente pensemos en nuestros mejores amigos a quienes les hemos hecho favores. Por muy necesario que sea, esos no son los que señalan las Escrituras como las personas con las que Cristo fue amable. Se nos dice: "Él es bondadoso con los que son desagradecidos y perversos" (Lucas 6:35). Nuestra bondad debe verse en la forma en que respondemos a un no cristiano por el que hemos hecho tanto pero que hemos recibido tan poco. Debe verse hacia el compañero de trabajo que nunca ha conocido al Salvador y, por ese motivo, a menudo nos descalifica ante los demás. Así como Él fue amable con nosotros en nuestra condición perdida, nosotros, a su vez, debemos ser amables con los demás.

Ilustración

En un viaje de negocios, un hombre fue maltratado por un miembro de la misma empresa. Mientras le contaba el incidente a un amigo, éste le preguntó: —¿Qué le hiciste a ese hombre? A una persona así se le debe enseñar una lección. El hombre le respondió: —¡Oh, no hice nada! No estoy aquí para vengarme de errores personales. Estoy aquí para trabajar para mi empleador.

Como creyente, ¿se ve a sí mismo en la tierra para vengarse de errores personales o para trabajar para su empleador, Jesucristo? Si está aquí para trabajar para su empleador, eso implica la necesidad de ser amable con aquellos que pueden ser crueles. Su amabilidad podría dar lugar a la oportunidad de presentar al Salvador.

Meditación

La dinámica del discipulado no es ser amable con las personas que son amables con usted. En cambio, es ser amable con aquellos que son lo opuesto a usted.

Oración

Piense en un no cristiano que conozca, quizás alguien que no le haya tratado adecuadamente o que le haya lastimado de una manera u otra. Entonces pregúntese, ¿de qué manera puedo mostrar bondad a esa persona? Ore y pídale a Dios que use lo que decida como una expresión del amor de Cristo para darle la oportunidad de compartir el regalo de Cristo: la vida eterna.

17

¿ES SU VIDA UNA ILUSTRACIÓN?

Lectura bíblica:
De modo que se toleren unos a otros y se perdonen si alguno tiene queja contra otro. Así como el Señor los perdonó, perdonen también ustedes. (Colosenses 3:13).

Reflexión

A veces personas muy cercanas y queridas me hacen bromas pesadas. En ocasiones se vuelven crueles y me hacen muchas burlas, ¡por supuesto, todas son inmerecidas! En esos momentos, me encanta mirarlos y exclamar: —Ahora sabes por qué les ministro a los incrédulos. ¡No puedo soportar a los cristianos!

Por supuesto, solo estoy bromeando. Pero más veces de las que me gustaría admitir, he tenido que reflexionar sobre la triste verdad de esa declaración. Hay cristianos que conozco que son algunas de las personas más engañosas, odiosas y mordaces que uno podría conocer. No hace falta decir que, por lo general, no están atrayendo a nadie hacia Cristo. Por el contrario, están alejando de Él a los no cristianos.

Lo que más me molesta es cuando observo un espíritu no perdonador, porque el perdón es una de las cosas más notables sobre Cristo y debería ser más notorio en nosotros. Pero este texto no dice: "Perdona porque Cristo te perdonó", sino "así como el Señor los perdonó". Eso significa total y completamente, nunca más volver a mencionar el error. ¿Cómo van a entender los demás la profundidad del perdón de Dios si no han experimentado la profundidad del nuestro? No es de extrañar que Dios diga: "Así... perdonen también ustedes". ¡Qué manera tan poderosa de ilustrar su perdón, viendo el nuestro!

Ilustración

Durante una guerra en Turquía, un soldado persiguió a una niña y a su hermano, asesinando brutalmente al niño.

La niña escapó. Más tarde consiguió un trabajo como enfermera en un hospital en esa área. Un día, trajeron a un soldado que ella reconoció como el que había asesinado a su hermano. Un desliz de su mano habría significado su muerte. Pero ella, siendo cristiana, lo cuidó, y lo cuidó hasta que recuperó la salud.

Cuando se recuperó, él también la reconoció y le hizo la pregunta obvia:
—¿Por qué no intentaste vengarte por el asesinato de tu hermano?

Ella respondió: —Porque soy cristiana. La Biblia dice que ames a tus enemigos y hagas el bien a los que te odian. Él respondió: —Nunca supe que existía tal religión. Cuéntame sobre eso. Lo quiero.

Meditación

Si un no cristiano no ha experimentado el perdón de usted, ¿cómo puede esperar que esa persona se sienta atraída por Cristo?

Oración

¿Hay alguien en su vida a quien no le ha extendido el perdón que Dios le ha dado a usted? Si es así, llame a eso como Dios lo llama: pecado. Dígale a Dios que usted está perdonando a esa persona de la misma manera como Él le ha perdonado a usted. Luego, actuando según su oración, haga lo que tenga que hacer para restablecer la relación.

18

TRABAJO EN EQUIPO.

Lectura bíblica:
Porque como dice el refrán: "Uno es el que siembra y otro el que cosecha". Yo los he enviado a ustedes a cosechar lo que no les costó ningún trabajo. Otros se han fatigado trabajando, y ustedes han cosechado el fruto de ese trabajo. (Juan 4:37-38).

Reflexión

No estamos viviendo en una sociedad orientada a resultados. Vivimos en una sociedad orientada a resultados instantáneos. Por la mañana, podemos ayudarnos a tomar un café instantáneo. En caso de que tengamos que dejar la ropa en la tintorería, prometen tenerla lista en una hora. Si el automóvil necesita un cambio de aceite, podemos aprovechar un cambio de aceite instantáneo. Si pasamos por un restaurante para almorzar, muchos lugares anuncian que si su almuerzo no está en su mesa en diez minutos, es gratis.

Esa es una razón por la que sufrimos cuando se trata de evangelizar. Queremos que cada persona con la que compartimos el evangelio venga a Cristo, ¡ya! Si nuestro motivo fuera la brevedad de la vida y el temor de que pudieran morir sin Cristo, no sería tan malo. Sin embargo, la verdad es que simplemente no queremos hacer la siembra a largo plazo y el cultivo de un alma obstinada.

Debemos comprender de una manera nueva que hay personas para quienes la fidelidad significa que seremos la sexta de seis personas para ayudarle a llegar a Cristo. Pero la fidelidad con los demás significa que debemos estar dispuestos a ser el séptimo de dieciocho, el noveno de doce, o el segundo de veintidós. De cualquier manera, tanto el sembrador como el segador tienen su recompensa. Es un equipo de personas, a menudo desconocidas entre sí, que Dios usa para llevar a una persona a Cristo.

Ilustración

Una vez conversé con un adolescente sentado a mi lado mientras estaba en un avión. Me dijo que su tía y su tío lo estaban enviando a Texas para vivir con otra tía y otro tío. Mi corazón tuvo compasión de él. Cuando él me preguntó: –¿Qué haces? Yo respondí: —Soy pastor.

Luego procedió a explicarme que un grupo de estudiantes de secundaria en su escuela se reunían cada mañana para orar y le habían hablado sobre Jesucristo. Cuando le pregunté si alguno de ellos había tomado alguna vez una Biblia y le mostró cómo podía saber si iba al cielo, dijo: —No. Cuando le pregunté si me permitía hacerlo, me respondió: —¿Lo harías?

Allí, a 30.000 pies sobre el nivel del mar, tuve el privilegio de guiarlo a Cristo. Cuando bajé del avión, estaba agradecido a Dios por el privilegio de cosechar, pero igual de agradecido por aquellos estudiantes de secundaria que eran fieles a la siembra. Nos necesitamos unos a otros.

Meditación

Dios puede usarle para llevar a alguien a Cristo. Otras veces podría usarle simplemente para acercarlos un poco más al reino.

Oración

¿Siente que fracasó si la persona con la que habla no viene a Cristo? Pídale a Dios que lo ayude a estar dispuesto a cosechar a algunos y a sembrar a otros.

19

¿LE CUESTA TRABAJO TENER PACIENCIA?

Lectura bíblica:
… *los tratamos con delicadeza. Como una madre que amamanta y cuida a sus hijos… (1 Tesalonicenses 2:7).*

Reflexión

La mayoría de nosotros admitiremos que la paciencia no es una de nuestras virtudes. Más veces de las que nos gustaría admitir, somos como la persona que oró: "¡Dios, dame paciencia y dámela ahora!".

Algunas veces nuestra impaciencia es más evidente cuando se trata de aquellos que acaban de ingresar a la familia de Dios. A menudo queremos que los nuevos creyentes estén en cinco días en un punto que nos llevó cinco años alcanzar. Si de inmediato no tienen hambre de la Palabra, pasan tiempo orando, desean tener comunión con los creyentes, limpian su lenguaje y renuncian a sus malos hábitos, podemos llegar a ser terriblemente impacientes con ellos. Nuestra impaciencia se ve a veces en la forma en que los juzgamos, criticamos sus acciones y, a veces, desconfiamos de su sinceridad.

En una palabra, lo que se necesita es gentileza, la gentileza que el apóstol Pablo compara con una madre lactante que cuida a sus propios hijos. ¿Alguna vez ha pensado en los ataques a los que sometimos a nuestra madre lactante: enfermedades infantiles durante las cuales el tiempo y la paciencia fueron las únicas curaciones, el comportamiento egocéntrico, las demandas irrazonables, las comidas de medianoche, el cuidado permanente y los pañales sucios?

Ese tipo de cuidado y preocupación, paciencia y perseverancia, tiempo y trabajo es lo que a menudo se necesita para que crezcan nuevos cristianos. Eso es especialmente cierto en los años actuales, cuando los que vienen a Cristo se ven acosados por más pecados y problemas pasados y menos normas morales que nunca.

Ilustración

Una vez se le preguntó a un salvavidas cómo le enseñaría a una chica a nadar. Tardó treinta minutos en explicar con esmero y paciencia cómo lo haría.

Luego le preguntaron: —Pero supongamos que esa chica es tu hermana pequeña. Él comentó: —¡Oh!, en ese caso, solo la llevaría al borde y la empujaría.

Una vez que los no cristianos vienen a Cristo por la fe, no podemos mostrarles cómo nadar en la vida cristiana estando en el borde y diciendo: "¡Mucha suerte!". Debemos saltar con ellos y ayudarlos a través de esas luchas y tentaciones iniciales.

Meditación

Puede tomar quince minutos de su tiempo para guiar a una persona a Cristo, pero cinco años de su tiempo para ayudarles a crecer. ¿Cuánto está dispuesto a dar?

Oración

Piense en un nuevo cristiano que conozca. Pídale a Dios que le muestre algo tangible que pueda hacer esta semana para alentar a esa persona en su crecimiento espiritual.

20

DEMASIADO BUENO PARA GUARDARLO PARA NOSOTROS.

Lectura bíblica:
Sin embargo, al que no trabaja, sino que cree en el que justifica al malvado, se le toma en cuenta la fe como justicia (Romanos 4:5).

Reflexión

¿Alguna vez ha notado cómo clasificamos a las personas según su desempeño? La sociedad entera ha tomado este curso de acción. Los maestros de escuela lo hacen, los padres lo hacen, los empleadores lo hacen, incluso los guardias en las cárceles lo hacen. Cuanto mejor nos desempeñemos, más arriba en la escalera ascendemos. Cuanto más ganamos, mayores privilegios recibimos o menos penalizaciones sufrimos.

Estoy convencido de que este énfasis en el desempeño es una de las razones por las que a los no cristianos les puede resultar difícil entender la gracia de Dios y su regalo de la vida eterna. Están tratando de entender el amor de Dios comparándolo en lugar de contrastarlo con el amor humano. Como dijo un no cristiano a quien tuve el privilegio de dirigir a Cristo: "Siempre pensé que cuanto más trabajaba, más alto subía".

Ningún versículo de la Escritura puede aclarar mejor que una posición correcta ante Dios no tiene nada que ver con nuestro valor, mérito o trabajo que Romanos 4:5. Puesto que somos personas imperfectas, no podemos pagar por nuestros propios pecados. Solo el perfecto Hijo de Dios podía hacer eso. Dado que Él murió en una cruz por nuestros pecados y resucitó victoriosamente, simplemente necesitamos creer, confiar solo en Cristo para salvarnos. Dios nos justificará o nos declarará justos, no en base a lo que hemos hecho por Dios, sino en base a lo que Cristo hizo por nosotros.

La razón es que "su fe se le cuenta como justicia". Eso simplemente significa que cuando confiamos en Cristo, Dios toma la perfección de su Hijo y la pone sobre nosotros. Por lo tanto, cuando nos mira, ya no ve nuestro pecado, Él solo ve la perfección de su Hijo. Dios nos acepta para siempre, no basado en nuestro desempeño, sino en el suyo.

Eso es un regalo demasiado bueno y demasiado grande para guardarlo solo para nosotros. El asombroso reconocimiento de la profundidad de la gracia de Dios debería motivarnos a decirle a alguien más acerca de ella. Después de todo, tenemos conocimiento de primera mano de algo que los incrédulos no encontrarán ni experimentarán en ningún otro lugar.

Ilustración

Un atleta profesional rompió un récord de dieciocho años en su campo debido a su tremenda agilidad y coordinación. Mientras imaginaba su nombre en el Libro Guinness de los Récords Mundiales, anticipó las muchas invitaciones para aparecer en programas de entrevistas en todo Estados Unidos. Su preocupación en este momento, sin embargo, fue usar su talento para ayudar a desarrollar la capacidad atlética de los jóvenes. Al reconocer que su don vino de Dios, explicó: —Cuando tienes un don especial como este, tienes que compartirlo con los demás.

Cuánto más verdadera es esta afirmación para aquellos que han recibido el don espiritual gratuito de la vida eterna a través de la muerte y resurrección sustitutivas de Cristo.

Meditación

Si la evangelización es un mendigo que le dice a otro mendigo dónde encontrar pan, ¿por qué no dirigir a los no cristianos al buffet?

Oración

Una vez que venimos a Cristo, cuán rápido olvidamos la profundidad y la libertad de nuestra salvación. Pídale a Dios que le recuerde la supremacía de la gracia que lo trajo al Salvador. En gratitud por su amor, cuéntele a alguien sobre Él.

21

EL TIPO CORRECTO DE PREOCUPACIÓN.

Lectura bíblica:
Así que no se preocupen diciendo: "¿Qué comeremos?" o "¿Qué beberemos?" o "¿Con qué nos vestiremos?" Los paganos andan tras todas estas cosas, pero el Padre celestial sabe que ustedes las necesitan. Más bien, busquen primeramente el reino de Dios y su justicia, y todas estas cosas les serán añadidas (Mateo 6:31-33).

Reflexión

La ansiedad tiene una forma de plagar nuestras vidas: preocupaciones por los niños, nuestra salud, nuestro trabajo, nuestras finanzas y nuestro futuro. Algunos médicos incluso, han estimado que más del veinticinco por ciento de su carga de pacientes es lo que llaman "bien preocupada". Los médicos pasan una parte considerable de su tiempo examinando a las personas que no están enfermas, solo están preocupados.

Para un cristiano, hay una tremenda fuente de consuelo cuando se enfrenta a la preocupación. Podemos tomar cualquier cosa que esté sobre nuestros hombros y, a través de la oración, empujarla sobre los suyos, sabiendo que sus hombros son mucho más grandes que los nuestros. Se nos dice en las Escrituras que al hacerlo, "la paz de Dios, que sobrepasa todo entendimiento, cuidará sus corazones y sus pensamientos en Cristo Jesús" (Fil. 4:7).

Pero ese párrafo de la Biblia también tiene un remedio interesante para la preocupación. Cristo habla en términos de necesidades físicas (comida, agua y ropa) y luego dice: "busquen primeramente el reino de Dios y su justicia, y todas estas cosas les serán añadidas".

Su consejo es simple y directo. Si nos ocupamos de sus asuntos, Él se ocupa de los nuestros. En esencia, Él está diciendo: "Si te vas a preocupar, preocúpate por tener una vida de oración consistente, o pasar tiempo en la Palabra, o presentar a una persona a

Cristo. Y si te preocupas por mi negocio, yo me ocuparé del tuyo". Preocúpate por las cosas correctas.

Ilustración

La reina Isabel una vez le preguntó a un sirviente suyo si podía ir por un asunto de negocios al extranjero para ella. Aunque expresó su deseo de complacerla, el hombre también expresó su preocupación por los asuntos en el hogar que serían dejados desatendidos.

Ella respondió rápidamente: —Cuida mi negocio; yo me encargaré del tuyo.

Dios no espera que descuidemos nuestros asuntos familiares, laborales o financieros. Tampoco quiere ansiedad innecesaria en esas áreas que impidan que nos tomemos el tiempo para presentar a los perdidos a Cristo.

Meditación

Cuando se trata de ansiedad, ¿está siguiendo el ejemplo de otros o estableciendo el ejemplo para que otros lo sigan? ¿Pueden otros ver que usted se preocupa por los negocios del Señor al observar sus propias preocupaciones?

Oración

Pídale a Dios que le dé una preocupación adecuada sobre los asuntos físicos que se relacionan con su hogar, su familia y su trabajo. Pero pídale que lo libre de una preocupación ansiosa por las necesidades cotidianas de modo que eso le impida tener el tiempo y el interés de ser utilizado por Él para poblar el cielo.

22

¡ATRÉVASE A SER DIFERENTE!

Lectura bíblica:
Háganlo todo sin quejas ni contiendas, para que sean intachables y puros, hijos de Dios sin culpa en medio de una generación torcida y depravada. En ella ustedes brillan como estrellas en el firmamento, manteniendo en alto la palabra de vida. Así en el día de Cristo me sentiré satisfecho de no haber corrido ni trabajado en vano (Filipenses 2:14-16).

Reflexión

Imagínese que un creyente le preguntara: "¿Cómo puedo vivir, hablar y actuar de tal manera que atraiga a la gente a Cristo?". ¿Cómo respondería? Muchos de nosotros daríamos una respuesta de quinientas palabras porque tenemos formas de andar por las ramas y complicar las cosas.

Pablo el apóstol, sin embargo, va directo al grano. Él habla de la necesidad de que los creyentes sean irreprensibles e inobjetables mientras sostienen en alto la Palabra de Vida. Su exhortación es: "Hagan todas las cosas sin quejas ni contiendas". Pablo se refiere a una persona que disfruta pasar tiempo frente al mostrador de quejas. ¿Conoces a alguien que siempre encuentra algo malo en las personas y situaciones?

Pablo también se refiere a una persona que siempre cuestiona lo que Dios dice y se sienta a juzgarlo. Cuando Dios dice que perdonemos a los demás, el disputador puede negarse porque "no lo apreciarían". En esencia, discute con todos, incluso con Dios.

Pablo dice "hagan todo sin quejarse ni discutir". ¿Por qué? Porque así su actitud será muy diferente a la de la generación torcida y depravada en la que vivimos. Antes de que usted se dé cuenta, las conversaciones pueden brindar la oportunidad para compartir el Evangelio.

Ilustración

Un número de la revista Reader's Digest publicó la historia de un automóvil que se accidentó en una intersección muy concurrida, deteniendo el tráfico. Obviamente frustrada, la conductora salió y levantó la cubierta del motor para ver si podía determinar el problema. Casi inmediatamente, el conductor detrás de ella, también frustrado, comenzó a tocar la bocina.

Inmediatamente, frustrada tanto con su auto, como con el hombre, la mujer caminó hacia él y le dijo: —Hagamos un trato. Si vas y arreglas mi auto, me sentaré aquí y tocaré la bocina por ti.

Los "bocineros" no atraen a la gente a Cristo. Son demasiado parecidos al mundo que están tratando de alcanzar.

Meditación

No practique las tres C del mundo: Contender, Criticar y Condenar. Practica las tres E de Dios: Evangelizar, Equipar y Enviar.

Oración

Si usted ha permitido que pensamientos negativos y una actitud de queja crónica invadan su vida, pídale a Dios que lo perdone y elimínelos para que su testimonio sobre el Salvador no se vea afectado.

23

EL ABC DEL MINISTERIO

Lectura bíblica:
En presencia de Dios y de Cristo Jesús, que ha de venir en su reino y que juzgará a los vivos y a los muertos, te doy este solemne encargo: Predica la Palabra; persiste en hacerlo, sea o no sea oportuno; corrige, reprende y anima con mucha paciencia, sin dejar de enseñar. Porque llegará el tiempo en que no van a tolerar la sana doctrina, sino que, llevados de sus propios deseos, se rodearán de maestros que les digan las novelerías que quieren oír. Dejarán de escuchar la verdad y se volverán a los mitos. Tú, por el contrario, sé prudente en todas las circunstancias, soporta los sufrimientos, dedícate a la evangelización; cumple con los deberes de tu ministerio (2 Timoteo 4:1-5).

Reflexión

A la luz del regreso de Cristo, el apóstol Pablo aconseja a Timoteo acerca de la responsabilidad que Dios le asignó como pastor y maestro. Él establece claramente el qué, el cómo y el por qué. La responsabilidad de Timoteo es predicar la Palabra. Se debe hacer cuando es oportuno, cuando no lo es y con mucha paciencia. Se acerca el tiempo en que la gente ya no querrá una enseñanza sólida.

Pero con la necesidad de la verdad, el pastor o el maestro están desafiados a no olvidar su necesidad de alcanzar a las personas. Pablo exhorta a Timoteo a hacer el trabajo de un evangelista.

Muchos pastores han confesado que esta es la parte débil de su ministerio. Estresados por el tiempo, la evangelización es la más afectada. También, sufren la misma lucha que todos nosotros a la hora de evangelizar: el temor. Lo que más necesitan los pastores son sus oraciones para que Dios les ayude a ser ejemplos y no solo exhortadores en la evangelización. El "ABC" del ministerio es enseñar al creyente y alcanzar a los perdidos.

Ilustración

La revista Reader's Digest contó de un hombre que entregaba una vieja máquina de escribir a una misión de la ciudad. Incapaz de abrir la puerta, notó un letrero: "La puerta se atasca. Tire de ella con fuerza." Después de intentarlo sin cesar, apoyó el pie en la puerta y terminó con el picaporte en la mano. Entonces vio el segundo letrero: "Cerrado los miércoles". Dios no le ha dado a los pastores una instrucción, sino dos: enseñar a los creyentes y alcanzar a los perdidos. A menos que ambos sean obedecidos, la Gran Comisión no se habrá cumplido.

Meditación

La razón por la que muchos no han sido atraídos a la doctrina del Salvador es porque no les han hablado de la muerte del Salvador.

Oración

Piense en dos pastores que usted conozca. Pídale a Dios que los ayude a encontrar el tiempo necesario para ser ejemplos para otros en la evangelización.

Mientras lo hace, pídale a Dios que lo ayude a usted a ser parte de la solución para que puedan cumplir con esa demanda.

24

ADIÓS CULPA.

Lectura bíblica:
Ahora bien, a los que reciben un encargo se les exige que demuestren ser dignos de confianza (1 Corintios 4:2).

Reflexión

Muchos creyentes sienten que toda actividad de evangelización es un viaje que los hace culpable, y cuando comparten a Cristo, es porque sienten que deben hacerlo, no porque quieran. Evangelizar no es emocionante, es más bien un dolor de cabeza.

¿Por qué? Indudablemente hay varias razones, pero una sería la noción predominante de que Dios nos responsabiliza por el fruto. Es decir, si compartimos al Salvador con los perdidos y ellos no confían en Él, Dios se decepciona de nosotros.

¡Espere un momento! En 1 Corintios 4: 2 no se dice: "Ahora bien, a los que reciben un encargo se les exige que sean fructíferos". En cambio, dice que se requiere que sean dignos de confianza. Ese fue el propio testimonio de Pablo, ya que los corintios fueron rápidos para juzgar sus acciones y sus motivos. En la evangelización, eso quita la carga de mis hombros y la pone en los de Dios. Solo tengo que ser fiel en presentarles a Cristo. Es trabajo de Dios atraerlos a ellos hacia Cristo.

¡Qué hecho tan liberador para la evangelización! Puedo disfrutar de la experiencia, ser una persona más sabia cada vez que lo hago y reconocer que los resultados están en las manos de Dios. Si comparto el evangelio y la persona no ve su necesidad, he sido tan fiel como si ella hubiera confiado en Cristo. Dios me dice que sea fiel, no que sea fructífero.

Ilustración

Un hombre de California visitaba a su hermana en Tulsa, Oklahoma, a quien no había visto durante más de veinte años. Ella le había dicho: —Si vienes a verme, te pido que vengas conmigo a mi iglesia el domingo y escuches a un orador invitado que es un evangelista.

El hombre fue a la iglesia y, al día siguiente, vino a Cristo. Luego declaró: —No puedo esperar para volver a California. Una iglesia allí ha estado orando por mí por más de veinte años para que venga a Cristo.

Si nos preocupamos por ser fieles, Dios se preocupará por ver que, en su tiempo, seamos fructíferos.

Meditación

Si usted asume la responsabilidad de ser fiel, Dios asumirá la responsabilidad de dar fruto.

Oración

Pídale a Dios que le ayude a mantener el enfoque correcto en la evangelización. Pídale que le recuerde en cada oportunidad que tenga para evangelizar que Dios simplemente quiere que lleve a Cristo a los perdidos, reconociendo que solo Él puede traer a los perdidos a Cristo.

25

¿VIVIR LA VIDA AL REVÉS?

Lectura bíblica:
En resumidas cuentas, ¿cuál es nuestra esperanza, alegría o motivo de orgullo delante de nuestro Señor Jesús para cuando él venga? ¿Quién más sino ustedes? Sí, ustedes son nuestro orgullo y alegría (1 Tesalonicenses 2:19-20).

Reflexión

Prioridades. Una palabra tan frustrante, ¿no es así? Sin embargo, es la que determinará si hemos vivido o no una vida que vale la pena. Qué experiencia más triste sería llegar al final y descubrir que hemos vivido por cosas que se desvanecerán. Y qué experiencia más emocionante sería darse cuenta de que hemos sido fieles y hemos vivido por y para las cosas que realmente cuentan.

¿Cuál es una manera de mantener estas prioridades bajo control? Imagine que acaba de morir y se encuentra cara a cara con Jesús. ¿Cuáles desearía que hubieran sido las cosas más importantes en su vida? ¿Serán la televisión, la nueva casa, el auto costoso, el campo de golf o la piscina? ¿O será lo que fue para el apóstol Pablo: las personas que él llevó a Cristo y aquellos a quienes Dios le permitió discipular?

Como Pablo le dijo a los tesalonicenses: "¿Cuál es nuestra esperanza, nuestra alegría o nuestra corona de alegría? ¿Quién más sino ustedes?". Pablo había sido el instrumento para llevar a muchos de ellos a Cristo y luego cuidarlos como una madre que amamanta a sus propios hijos para ayudarlos a crecer (1 Tes. 2:7). Debido a que vivió para las personas, no para las cosas, el día en que vería a Cristo cara a cara iba a ser el más emocionante de todos.

Viva la vida del cielo al revés. Cualquier cosa que vaya a ser importante, hágala ahora. Cuando se presente delante de Cristo, no habrá remordimientos ni lamentos. Ese solo pensamiento debe motivarnos para presentarle a una persona perdida a Cristo.

Ilustración

Un hombre conocido en la historia como el Conde de Rochester vivió una vida rica pero malvada. Cuando llegó al final de su vida, exclamó: "Ojalá hubiera nacido como un mendigo ciego o un leproso en lugar de haber vivido y olvidado a Dios".

Lo que pareció angustiarlo cuando su vida llegaba a su fin fue haber vivido para todas las cosas que realmente no tenían importancia. Si no tenemos cuidado, aunque seamos creyentes que adoramos el nombre de Cristo, podemos vivir para todas las cosas que, cuando estemos cara a cara con Cristo, no importarán, en lugar de vivir para las personas que sí importarán.

Meditación

Piense cuidadosamente. ¿Hay alguien en cuya vida usted fue un mensajero de la gracia salvadora? ¿Tiene a alguien que sea su "corona de alegría"?

Oración

Haga una lista de lo que debería ser más importante en su vida al anticipar ver a Cristo cara a cara. Luego tome esa lista y, en oración, pídale a Dios que le ayude a dominar sus prioridades hasta que llegue a un punto en el que las prioridades de Dios le hayan dominado a usted.

26

MÁS ALLÁ DE SU MÁS GRANDE IMAGINACIÓN.

Lectura bíblica:
En el hogar de mi Padre hay muchas viviendas; si no fuera así, ya se lo habría dicho a ustedes. Voy a prepararles un lugar. Y, si me voy y se lo preparo, vendré para llevármelos conmigo. Así ustedes estarán donde yo esté (Juan 14:2-3).

Reflexión

¿Alguna vez ha tratado de imaginarse cómo será el cielo? Cuando yo estaba en la universidad, algunos de nosotros nos quedamos hasta muy tarde en la noche tratando de descubrir e imaginar las bellezas del lugar. Los versículos del libro de Apocalipsis nos resultaron útiles y absolutamente emocionantes, pero aún no teníamos todos los detalles. En pocas palabras, la información que tenemos sobre el cielo en las Escrituras es bastante limitada.

¿Alguna vez se ha preguntado por qué no tenemos más información? No pretendo tener todas las respuestas, pero creo que tengo una buena explicación. Si Dios alguna vez intentara decirnos cómo es la mansión que Él está preparando, nosotros, con nuestras mentes limitadas y finitas, ni siquiera podríamos comprenderlo.

Tome un momento y piense en la fotografía más hermosa que haya visto, el paisaje más espectacular que haya observado, o la escena más hermosa que le hayan descrito. Estoy seguro de que incluso esas cosas no se acercan a la belleza del cielo. Con respecto a las cosas espirituales y nuestra incapacidad para comprender, Dios dice: "Ningún ojo ha visto, ningún oído ha escuchado, ninguna mente humana ha concebido lo que Dios ha preparado para quienes lo aman" (1 Cor. 2: 9). Con toda seguridad, lo mismo podría decirse acerca de lo que Dios está diseñando para nosotros en el cielo.

¡Qué motivo para evangelizar! Con nada más que un vistazo de su belleza, los que van al cielo no deberían contentarse con ir solos. Aunque nunca he podido localizar la fuente, a menudo he recordado las palabras escritas por otra persona: "Cuando esté en esa ciudad celestial y aparezcan los santos a mi alrededor, espero que alguien venga y me diga: "Tú fuiste el único que me invitó a venir aquí".

Ilustración

Una niña estaba con su padre admirando el cielo al atardecer y dijo: —Si es tan hermoso en este lado, solo piensa en cómo se verá el otro lado.

Meditación

Aparte de la recompensa que le espera cuando llegue, lo único que puede llevarse al cielo con usted es un amigo.

Oración

Después de reflexionar sobre la magnífica creación de Dios que se ve en la tierra, alábelo por cómo se verá el cielo. Luego, hable con Él acerca de un miembro de la familia o amigo que le gustaría tener con usted en su presencia. Pídale que abra una puerta para presentarle el Evangelio a esa persona.

27

¡ESPERE A QUE OIGA ESTO!

Lectura bíblica:
A la verdad, como éramos incapaces de salvarnos, en el tiempo señalado Cristo murió por los malvados. Difícilmente habrá quien muera por un justo, aunque tal vez haya quien se atreva a morir por una persona buena. Pero Dios demuestra su amor por nosotros en esto: en que cuando todavía éramos pecadores, Cristo murió por nosotros (Romanos 5:6-8).

Reflexión

¿Alguna vez ha comparado su amor con el amor de Dios? Compare las personas por las que usted moriría con las personas por las que Él murió.

Una persona justa es alguien que hace lo que es correcto. Si usted sale de su casa y deja la puerta principal sin llave, ya sea por un día o una semana, la persona justa no entrará en ella. Su casa no es de ellos. Una buena persona no solo hace lo que es correcto, sino que hace lo que es bueno. Si usted está en el hospital, la buena persona estará pendiente de su casa y hasta cortará el césped por usted.

Así que el punto es este: ¿estaría dispuesto a morir por una persona justa? Quizás la respeta, pero no moriría por ella. O quizás sí estaría dispuesto a morir por una persona realmente buena. Pero Dios demostró su amor al morir por los pecadores. Lo que usted haría por alguien bueno Él lo hizo por los peores. Lo que usted haría por alguien que lo merezca, Él lo hizo por los que no lo merecen.

Un amor así no puede ser mantenido en exclusividad para nosotros mismos. Tiene que ser compartido. ¡Qué privilegio presentar a los perdidos a un amor que solo se encuentra en Cristo!

Ilustración

Hace años, cuando los barcos a vapor subían y bajaban por el Misisipí, dos de ellos se cruzaron. Uno de los capataces que trabajaban abajo en uno de los vapores subió a cubierta y se paró junto a un caballero bien vestido.

Señalando a la otra nave, gritó: —¡Ahí está el capitán! ¡Ahí está el capitán!

El caballero, un poco molesto, dijo: —¿Y qué? cada barco tiene un capitán.

El hombre respondió: —Este es diferente. Una vez estuve en su nave, se desató una tormenta y fui arrojado por la borda. No podía nadar para salvarme. Así que él se quitó la gorra, los zapatos, el abrigo, saltó por la borda y me salvó la vida. Ahora, cada vez que tengo la oportunidad, me encanta señalarlo. ¡Qué privilegio señalarlo!

Meditación

Cualquiera podría haber ideado una manera en que las personas, si fueran buenas, pudieran llegar al cielo. Pero fue un Dios de amor quien ideó una manera en la que todos nosotros, como pecadores, pudiéramos hacerlo.

Oración

La próxima vez que tenga la oportunidad de compartir a Cristo, pídale a Dios que lo ayude a reflexionar sobre la pregunta cómo compartir a Cristo en lugar de si debe compartirlo.

28

HÁGALO SALIR.

Lectura bíblica:
Ustedes son la luz del mundo. Una ciudad en lo alto de una colina no puede esconderse. Ni se enciende una lámpara para cubrirla con un cajón. Por el contrario, se pone en la repisa para que alumbre a todos los que están en la casa. Hagan brillar su luz delante de todos, para que ellos puedan ver las buenas obras de ustedes y alaben al Padre que está en el cielo (Mateo 5:14-16).

Reflexión

Los ingenieros no construirían una ciudad en una colina para esconderla. La construirían para que todos a su alrededor pudieran verla. De la misma manera, usted no enciende unas lámparas y las pone debajo de unos cajones. La palabra cajón aquí significa en realidad un contenedor utilizado para medir cantidades de maíz.

Era una pieza común. Usted no pone una lámpara dentro de un cajón. En cambio, lo coloca en un candelero, un soporte hecho específicamente para tal lámpara, de modo que, en su posición elevada, dé luz a toda la casa.

Cristo deja claro el punto. No esconda su cristianismo. Deje que su luz brille de modo que otros puedan ver sus buenas obras y glorifiquen a su Padre en el cielo. Lleve su fe con usted a la universidad. Practíquela en el trabajo. Deje que se vea en la tienda por departamentos. Llévela a la escuela. Demuéstrela como profesor. Hágala notoria como padre. Practíquela como profesional de la salud o como peluquera. Que la gente vea su bondad y sus buenas obras. Cuando los cristianos hacen el bien, dirigen a las personas hacia un Dios que es aún mejor.

Usted puede ser el único cristiano en su trabajo o en su vecindario. Pero Dios le tiene allí por una razón. Quiere que sea la ciudad en una colina y la luz en un candelero. No se desanimes, cobre ánimo. Dios puede usarlo para lograr algo eterno.

Ilustración

Una vez, por medio de una campaña evangelística, un hombre pobre e indigente vino a Cristo. Cuando más tarde compartió su testimonio, un no cristiano grande, corpulento y bromista lo interrumpió: —Despiértate, viejo. Estás soñando.

La niñita del pobre hombre se acercó al bromista y le dijo: —Por favor, señor, no lo despierte. Ese es mi papi, y él es un papi tan bueno ahora. Solía golpear a mi madre y gastar todo nuestro dinero. Todos éramos tan miserables. Pero cuando comenzó a "soñar", todo cambió. Él es amable con todos nosotros y provee para cada necesidad. Así que, si está soñando, ¡por favor no lo despierte!

Meditación

Las palabras y las acciones son buenas cuando dirigen a las personas hacia un Salvador que es aún mejor.

Oración

¿Ha agradecido a Dios últimamente por los muchos no cristianos que le rodean y ha aceptado su posición como un trabajo estratégico de parte de Dios? Pídale a Dios que lo use como un cristiano consistente cuya luz no se puede ocultar.

29

¡NADA MÁS! ¡PUNTO!

Lectura bíblica:
Pero ahora, sin la mediación de la ley, se ha manifestado la justicia de Dios, de la que dan testimonio la ley y los profetas. Esta justicia de Dios llega, mediante la fe en Jesucristo, a todos los que creen. De hecho, no hay distinción, pues todos han pecado y están privados de la gloria de Dios, pero por su gracia son justificados gratuitamente mediante la redención que Cristo Jesús efectuó (Romanos 3:21-24).

Reflexión

¿Por qué a los que crecen en el lado equivocado de la calle a menudo les resulta más fácil venir a Cristo que a los que crecen en el lado correcto?

Una razón es porque el Evangelio es tan sencillo, tan claro. Para que la gente venga a Cristo, debe verse a sí misma como pecadora, sin nada que contribuya a su salvación. Ellos merecen el infierno, no el cielo. Como lo explica el versículo anterior, "De hecho, no hay distinción, pues todos han pecado y están privados de la gloria de Dios". A pesar de lo bueno que hayamos sido, no hemos sido lo suficientemente buenos.

Dios nos justificó libremente por su gracia. Él nos redimió o, en otras palabras, nos libertó pagando el precio por nuestro pecado. Al permitir que su Hijo tomara el castigo que merecíamos, Dios ahora tiene una manera de perdonar sin castigar al pecador. ¡Cuando Cristo murió en la cruz, fue hecho! Todo lo que podemos hacer es venir como un pecador indigno y confiar solo en Cristo para la salvación. Debemos estar de acuerdo con Cristo que dijo en la cruz: "Todo se ha cumplido".

Cuando tengamos la oportunidad, debemos aclarar el Evangelio y explicar que somos aceptados por Dios, no sobre la base de Cristo más algo que hayamos hecho, sino sobre la base de Cristo nada más. ¡Punto!

Ilustración

Un hombre sentado en la silla del barbero estaba aprovechando la oportunidad para presentarle a Cristo al barbero. Éste, al no ver su necesidad de la gracia de Dios, respondió: "Estoy haciendo lo mejor que puedo".

Cuando terminó, el hombre bajó de la silla y otro cliente se sentó. El creyente miró al barbero y le dijo: —Si no le importa, cortaré el cabello de este hombre.

¡El barbero casi tuvo un paro cardíaco! Inmediatamente le respondió: —No puede cortarle el cabello, usted no es barbero.

El hombre le respondió: —Está bien, haré lo mejor que pueda, a lo que el barbero respondió: —Pero lo mejor no es suficiente.

El creyente le explicó: —Es por eso que solo puedes venir a Dios a través de Cristo. Lo mejor de ti no es lo suficientemente bueno.

Meditación

La religión dice: "debes hacer", en tanto que la salvación dice: "ya está hecho".

Oración

Gracias a Dios por la gratuidad de su salvación. Pídale a Él que lo ayude a desarrollar su capacidad para explicar el Evangelio y que quede claro que la salvación se basa únicamente en Cristo.

30

¿LE HA DADO APETITO A ALGUIEN ÚLTIMAMENTE?

Lectura bíblica:
Ustedes son la sal de la tierra. Pero, si la sal se vuelve insípida, ¿cómo recobrará su sabor? Ya no sirve para nada, sino para que la gente la deseche y la pisotee (Mateo 5:13).

Reflexión

La sal, como es usada en las Escrituras, tiene un doble propósito. Por un lado, cuando se aplica a los alimentos, la sal hace la comida sabrosa y por lo tanto despierta el apetito. Por otro lado, actúa como un conservante y protege los alimentos de la descomposición. Pero si la sal pierde esas propiedades, es un elemento sin sabor, no sirve para nada más que para ser desechada.

Es una pérdida de tiempo y energía dispersarla en la tierra o ponerla en una pila de compost. Como dice el texto: "ya no sirve para nada". Un comentarista menciona que ya en el siglo XIX en Palestina, se podían ver grandes pilas de sal impura arrojadas a las calles para ser pisoteadas.

    La comida no le da sabor a la sal. Al contrario, la sal le da sabor a la comida. De manera similar, Dios quiere que le demos apetito por Dios a las personas y preservemos en la justicia en la faz de la tierra. Los demás no nos darán apetito por Dios ni preservarán en la justicia. En cambio, nosotros debemos ser la sal para ellos. Si fallamos, no estamos cumpliendo uno de los propósitos más grandes por los cuales Dios nos ha colocado en nuestro vecindario, en nuestra escuela, en nuestra oficina o en nuestro trabajo. Nada ayuda más a la causa de Cristo que un creyente que le da a los no cristianos un apetito por Dios. Nada obstaculiza más la causa de Cristo que un cristiano que ha perdido su capacidad de atraer personas hacia Cristo.

Ilustración

Tras la muerte de un respetado líder cristiano, se encontró en su escritorio una carta cerrada dirigida a él. Aparentemente era una carta que no había mostrado a nadie en su vida. La carta era de un individuo que le escribió para agradecerle por ser el único que Dios había usado para guiarle al Salvador.

La carta decía: "No fue nada de lo que usted dijo lo que me hizo desear ser un cristiano; fue la belleza de la santidad que vi reflejada en su cara".

Meditación

A través del mensaje que viene tanto de sus labios como de su vida, dele a la gente un apetito por Dios. Cuando vengan a Él, encontrarán el único pan que satisface.

Oración

Pídale a Dios que haga de su vida un contraste con las vidas de los no cristianos que lo rodean. Pídale que saque de su vida lo que no debería estar allí y ponga lo que debería estar.

31

NINGÚN "PUEDE SER" ACERCA DE ESTO.

Lectura bíblica:
Ciertamente les aseguro que el que oye mi palabra y cree al que me envió tiene vida eterna y no será juzgado, sino que ha pasado de la muerte a la vida (Juan 5:24).

Reflexión

Hace años, mi esposa y yo compramos un colchón para nuestra cama. Después de mirar los que estaban en la exhibición, elegimos el que queríamos y nos acercamos al mostrador para realizar la compra. Me sorprendió saber que el colchón que compramos esa noche no se podría recoger hasta una semana después. En cierto sentido, lo teníamos y, sin embargo, no lo teníamos todavía.

Cuando he reflexionado sobre eso, me alegra mucho que la vida eterna en Cristo no sea así. En el momento en que usted confía en Cristo, la vida eterna es suya.

Mire las palabras usadas en ese versículo. "El que oye mi palabra y cree al que me envió, tiene vida eterna". Eso significa que es ahora mismo. No es algo que tendré cuando muera. Luego continúa: "y no será juzgado". Esa es una promesa, y Dios nunca rompe las promesas. Concluye: "sino que ha pasado de la muerte a la vida". ¡Wow! Eso significa que la muerte está detrás de mí, no delante de mí. Es pasado, no presente o futuro. No es de extrañar que el apóstol Pablo testificara que estar ausente del cuerpo es estar presente con el Señor (2 Cor. 5: 8).

Cuando vine a Cristo, no encontré una política de "pague ahora y reciba más tarde". Confié en Él, y la vida eterna fue mía. Eso es lo que yo llamo un trato insuperable. ¡El es mío! ¡Soy suyo! ¡Siempre!

No se puede permitir que alguien pierda eso. ¿Por qué retener un mensaje para otros que no se parece a nada que hayan escuchado?

Ilustración

Durante una guerra, un soldado resultó gravemente herido y los médicos estaban a punto de operarlo. Justo antes de que lo hicieran, un médico le dijo al hombre: —Es justo decirle que tiene una posibilidad entre cien de salir bien de esta operación.

El soldado respondió: —Vamos a continuar con la operación. Si salgo de este lado, los médicos me darán la bienvenida. Si salgo del otro lado, será mi Salvador quien me la dará.

Meditación

Cuando confiamos en Cristo, somos inmediatamente y por siempre suyos, porque el Dios que no puede mentir nos hace una promesa que no se puede romper.

Oración

Tener la certeza de su propia salvación debe motivarlo a que se lo cuente a otra persona. Pídale a Dios que lo haga cada vez más consciente de la naturaleza inmutable de su relación con Cristo e intensifique su carga para decirle a los demás cómo pueden disfrutar de esa misma relación. Entonces, espere a que Él lo haga.

EQUÍPATE & ANÍMATE

EN EVANTELLESPANOL.ORG

INSCRÍBETE EN NUESTROS CURSOS GRATUITOS VIRTUALES DE EVANGELISMO PERSONAL

REGISTRATE PARA VER TODOS LOS CURSOS EN
EVANTELLESPANOL.ORG/START-HERE

VEA NUESTRA BIBLIOTECA DE CAPACITACIÓN POR TEMAS

BUSCA HORAS DE CONTENIDO QUE CUBRE LOS TEMAS MÁS ACTUALES EN
EVANTELLESPANOL.ORG/VIRTUAL-EVENTS

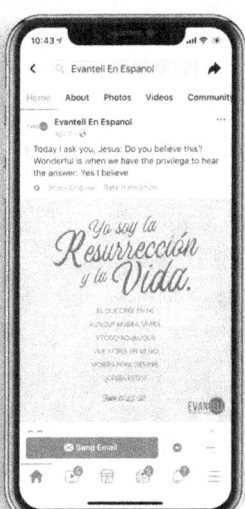

CONTÁCTANOS PARA LLEVAR A CABO UN ENTRENAMIENTO EN VIVO EN TU IGLESIA O LOCALIDAD

SÍGUENOS EN :
FACEBOOK.COM/EVANTELLENESPANOL
YOUTUBE.COM/EVANTELLENESPANOL

VISITA NUESTRA TIENDA PARA LIBROS, TRATADOS Y MÁS RECURSOS

VISITE *EVANTELL-ORG.MYSHOPIFY.COM COLLECTIONS/SPANISH-RESOURCES* PARA VER NUESTRA COLECCIÓN COMPLETA DE LIBROS Y RECURSOS

EvanTell, Inc. es una asociación comprometida con una presentación clara del evangelio a través de un estudio cuidadoso de las Escrituras. La visión de EvanTell es llegar a millones de personas en todo el mundo con una presentación bíblica y clara del evangelio de la gracia a través de campañas evangelísticas y la capacitación de los creyentes en la evangelización personal y conversaciones evangelísticas.

¿Necesita ayuda para superar sus miedos al momento de presentar el evangelio, o simplemente saber cómo compartir su fe? EvanTell ofrece tratados evangelísticos, capacitación en evangelización, eventos de divulgación, consultoría y soluciones para cualquier necesidad que tenga en evangelización y divulgación. Queremos ayudar a su iglesia, pastor, institución académica, ministerio paraeclesiástico y a usted a evangelizar y realizar actividades con ese fin. A veces la evangelización no es simple, ¡pero el evangelio siempre lo es! Nuestra capacitación y recursos lo ayudarán a saber cómo evangelizar, cómo usar tratados del evangelio y otros materiales de evangelismo, y cómo dar testimonio. . . ¡sin tener una crisis nerviosa!

P.O.Box 703929, Dallas, TX 75370
800-947-7359
evantell@evantell.org | evantell.org

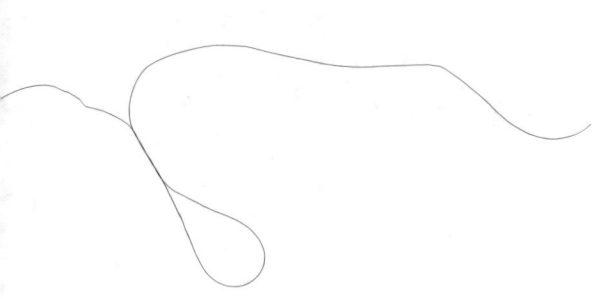

www.ingramcontent.com/pod-product-compliance
Lightning Source LLC
Chambersburg PA
CBHW071857070526
44583CB00016B/1736